ブックレット 近代文化研究叢書 1

チキンライスの日本史

小菅桂子

私の大好きな西洋料理にチキンライスがある。鶏肉とご飯を炒めケチャップ味で仕上げグリーン・ピースを散らしたシンプルなご飯料理である。チキンライスが誕生するにはご飯とケチャップとの出会いがなくては成立しない。しかしご飯がケチャップで赤く染められるのはずっとずっと後のことなのである。今回は大好きなチキンライスのルーツをたずねてみた。

明治期以降、日本で刊行された料理本でチキンライスという言葉が最初に見られるのは『手軽西洋料理』（明治十八年）、著者はアメリカ人のミスクララ、ホヰトニー、訳者は皿城キンである。

●鶏飯の料理　Chicken Rice.

調理《ちょうりし》たる鶏を四つ或は六つ程に切り能く洗ひ水少しを入れ火に掛け柔かになる迄て煠《ゆ》で皿に飯を盛り其上ゑ鶏肉を取り出し別に一匙の麦粉を水少しにて解かし鶏肉をゆでたる汁え交せ又卵一つを能く交せ合せ之れをも其中ゑ入塩及び胡椒を加え少しく煖め鶏と飯へ掛るなり又鶏の煮える間は傍に在りて湯の煎じつまらぬ様すべし　若し煎じつまるときは湯を注ぐ可し

この本邦初のチキンライスは、煮込んだ鶏肉を塩胡椒で味付けしご飯に掛けたいわば西洋風ぶっかけ飯であった。赤いあのケチャップこそ使われていないが、料理名は間違いなくチキンライスとある。著者はアメリカ人である。ということは日本へ伝えられた初のチキンライスはアメリカ伝来の鶏肉掛けご飯ということになる。

余談だが、この著者のクララ、ホヰトニーは後に勝海舟と愛人梶くまとの間に生まれた息子梅太郎と結婚、その後の暮しは『クララの明治日記』（昭和五十一年　上・下　一又民子他訳　講談社）に詳しい。

ところでチキンライスを調べていてこの『手軽西洋料理』のチキンライスに出会ったときには本当にびっくりした。なぜかといえば私のイメージの中でチキンライスはあのお馴染みのケチャップライスであると信じて疑わなかったからである。ところが違う。そこで次に考えたことは、たまたまこのチキンライスが変わっているだけではないか…もっとほかの料理書を見ればケチャップライスに出会えるのではないだろうか、私は胸を弾ませて図書館に通いひたすらチキンライスを探した。結果チキンライスが赤いというのは私の勝手な思い込みで、これは和製洋食であることが判明したのである。そこで改めて赤いチキンライスを求めてチキンライスの追跡調査を始めることにした。

『家庭実用西洋料理法』　赤堀峯吉著
大正８年刊　裏表紙（部分）

そのチキンライスは？

明治三十六年十月の「家庭之友」にチキンライスがある。そのチキンライスは鳥の身は小さく、玉葱は薄く、缶詰の松茸は刻んでバターで炒めておく。米を研いで水加減はいつもより控えめにして味醂、塩、醤油を適宜加えて調味、そこへ炒めておいた材料を加えて普通のご飯のように炊く。蒸れたら茶碗で抜いて皿に盛る。

このチキンライス、玉葱を使い食材を炒めるところまでは西洋のピラフだが仕立て方は和風の炊き込みご飯でありケチャップの「ケ」の字もない。

もう一冊明治四十二年刊の『四季毎日　三食料理法　冬の部』の「チツケン、ライス」を見てみた。

これは米五合を研いで笊にあげ水を切っておく。次いで鶏一羽を肉と骨とに分け肉は程よい大きさに切り、骨は細かく切って鍋に入れ水一升を加えて一時間余り煮てスープを取る。人参と玉葱はせん切りにしてバターで炒め塩胡椒で味を調える。パセリは微塵に切る。フライ鍋に匙一杯のバターを入れバターが溶けるのを待って笊に上げておいた米を入れかき混ぜながらよく炒める。次いで鶏肉と一緒にソース鍋に移しスープも注してもう一度塩胡椒で調味し強めに炊き上げる。炊きあがったら飯を皿に盛り、上から鶏肉、人参、玉葱、パセリを彩りよく飾り供す、というもの。

やっぱりチキンピラフである。このピラフ風は大正になっても続く。そしてますます摩訶不思議なチキンライスが登場する。大正三年、東京割烹講習会編『家庭料理講義録』のチキンライスの材料は白米三合　バター中匙山盛一杯　ラード少々　鶏肉十銭程　塩胡椒少々　人参一本　カレンズ中匙一杯　メリケン粉中匙一杯　白砂糖中匙一杯　青豆大匙一杯半　キャラメル、以上である。チキンライスに砂糖とキャラメル…なんとも妙な取り合わせである。作り方を見てみよう。

大フライパンにバタとラードを少々入れ火に架けて磨ぎたる白米を入れて炒り狐色になしてスチュー鍋に移し置き鶏肉を二分角位に切り塩胡椒をしてザット右の鍋に炒りおき次に人参の皮をこそげ取り水洗して二分角位に切りザット茹で上げ次にカレンズを皿に入れメリケン粉を加へて水を入れ能く揉み洗ひて垢を取り清水にて綺麗に洗ひ上げ水気を切りおき青豆は水に入れて能く洗ひ上げ水気を切りて鶏肉外三品を前へのスチュー鍋に入れて米と攪き混ぜキヤラメルを小匙に一杯と塩胡椒を入れて味をつけ清水加減をして並みの御飯より少し硬めに炊き猪口かゼリー型にバタを塗りて其中へ詰めて皿の上に打ち抜き侑《すすめ》ます型の大なるものならば一個宛小なれば二個にても三個にても皿に盛ます。

少量のキャラメルが用いられているのは、味のコクと程よい色目を出すためであろう。砂糖はまったく使われていない。大正期でもまだ、料理本を見て西洋料理を作ろう、などという人はほとんどいなかった。料理本は西洋の文化の香りを読んで楽しむものだったのである。

軍隊とチキンライス

軍隊では明治の初期にライスカレーの給食が始まっている。軍隊の食生活はなかなかハイカラだった。大正七年の『海軍五等主厨厨業教科書』にチキンライスがある。軍隊のチキンライスにはドミグラスソースが使われている。作り方は、二分角位ニ切リタル鶏肉、極細キ賽ノ目ニ切リタル玉葱、人参及少量ノ「サフラン」ト洗ヒタル白米トヲ「バタ」ヲ入レタル汁鍋ニ入レテ一寸煎リ之ニ「スープ」ヲ加ヘテ少シ硬キ位ノ飯ニ炊キ上ケ、皿ニ盛リ「ドミグラス、ソース」ヲ少シカケ供卓ス、又飯ニ鶏肉ヲ入レス炊キテ別ニ鶏肉ハ五枚ニ卸シ形ヲ整ヘ「ドミグラス、ソース」ニテ煮込ミ置キ飯ヲ皿ニ盛リ其ノ脇ニ肉一切ト「ソース」トヲ添ヘ供卓スルコトモアリ。

このようにチキンライスはピラフ風あり、ドミグラススタイルありでますます混沌としてきた。赤いケチャップご飯とはいつになったら会えるのだろうか。国産ケチャップが売り出されたのは明治四十一年のこと、日本ではその前にまずトマトソースが生まれている。三十六年のことである。生みの親は現在のカゴメである。もっともこれ以前の日本にもトマトソースやケチャップはあった。それはホテルや西洋料理店、あるいは居留地の外国人が使うなど必要に迫られて僅かずつだがアメリカのハインツ社の製品が輸入されていたからである。明治屋も四十一年には本格的に輸入を始めている。

一太郎と西洋野菜

そのトマトソースの製造を日本で最初に本格的に手がけたのは後のカゴメ株式会社の創業者となる蟹江一太郎である。同社の社史『カゴメ八十年史』（昭和五十三年十一月）、『カゴメ一〇〇年史』（本編・資料編　平成十一年十月）には概ね以下の経緯が記されている。

一太郎は明治二十八年十二月徴兵検査で「甲種合格」となり、名古屋の第三師団管下の歩兵第六連隊に入隊した。その頃歩兵第六連隊では毎週土曜日になると将校と下士官が集会所で一緒に昼食のテーブルを囲む習慣があった。ある日のこと一太郎は、上官に当たる西山中尉から「除隊になったらなにをするつもりか」と聞かれた。一太郎は即座に「自分は農家の跡取りなので農業を続けます」と答えた。すると中尉は「これからの農業は米や麦ばかり作っていたのではいかに良く働いても収益を上げるのは容易でなく農家の暮らしは苦しい。野菜のような換金作物をどんどん作って現金収入を多くすべきである。それにはだれもが同じように芋や大根ばかり作っていては生産過剰になってお互い値を下げあうはめになる。だからまだあまり人の作っていない野菜、たとえば西洋野菜などを作るといい。このあたりではまだ誰も手がけていないようだが、近頃は軍隊の食事にもよく使われているから、今後は一般の家庭でもどんどん食べるようになるに違いない。そういう作物にこそ目をつけるべきだ」一太郎はこの西山中尉の言葉を心に刻み除隊した。一太郎が家族の応援を得て西洋野菜の栽培をはじめたのは故郷へ帰った翌年、明治三十二年のことであった。しかしそうはいってても栽培の仕方もわからなければ種子もない。伝を頼って名古屋

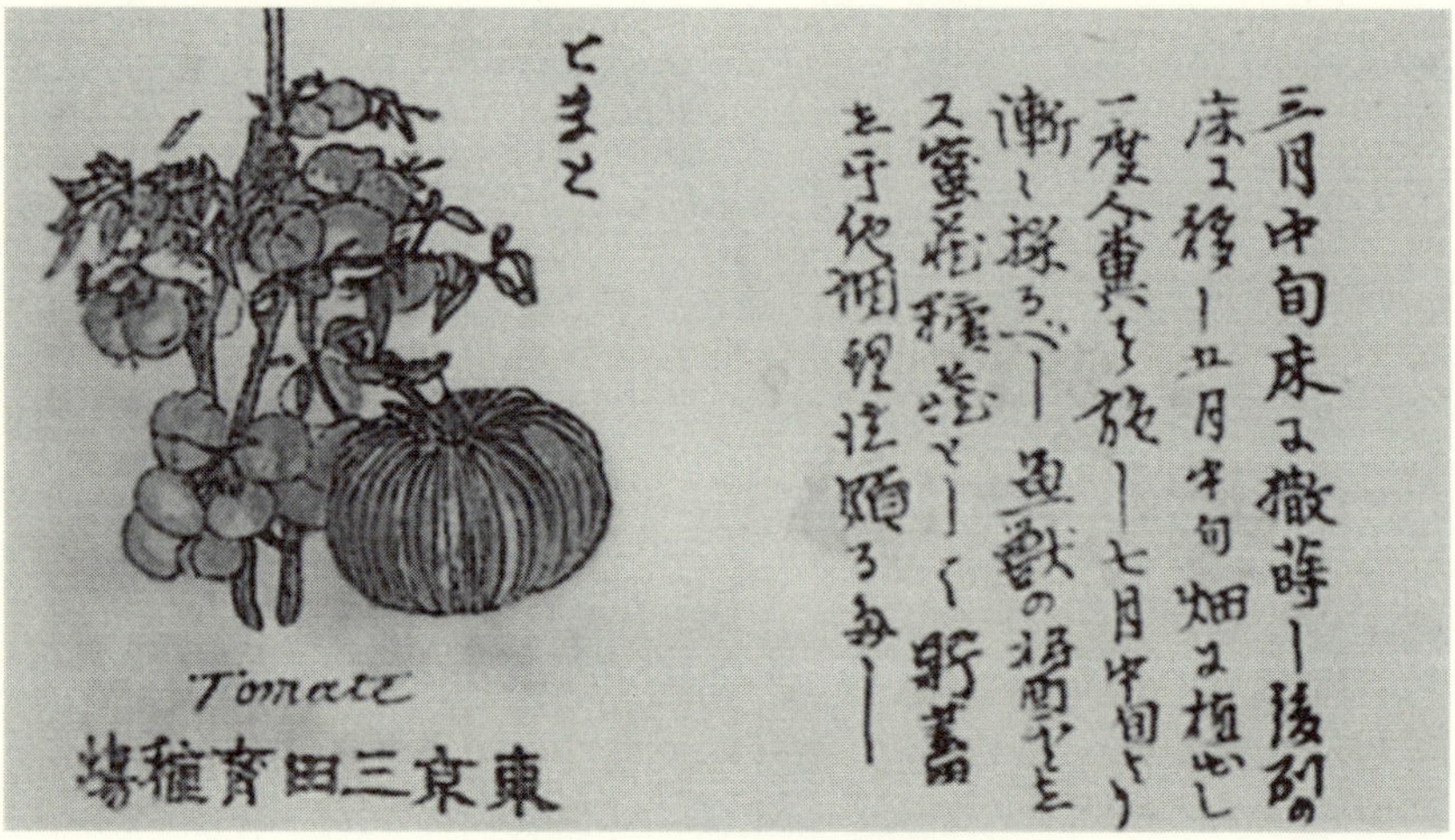

『内外穀菜便覧』明治31年
（『カゴメ100年史　本編』平成11年刊 P.71）

の農事試験場へ相談に出かけた。種子は横浜の植木会社から取り寄せてくれた。いよいよ大事な畑を使って未知への挑戦である。最初の西洋野菜はトマト、キャベツ、パセリ、玉チシャ、ハクサイ、ダルマニンジンなどだった。幸いなことに一太郎の畑は西洋野菜の栽培に打ってつけの土壌であった。『カゴメ八十年史』には明治四十一年から大正二年の「売上記入帳」がある。それによると、西洋野菜の品数はその後増えて、「松葉ウド（アスパラガス）、花椰菜（カリフラワー）、タマネギ、ハツカダイコン、子持ちカンラン（芽キャベツ）、米国ホーレンソウ、仏国大莢エンドウ」なども見られ、かなり積極的に取り組んだことがわかる。しかしそうした中で困り者が一人いた。トマトであった。

困り者だったトマト

後にケチャップメーカーとして成功するカゴメの創業者蟹江一太郎が数ある西洋野菜の中で一番手を焼いたのがトマトの栽培であり販売であったというから世の中面白い。

何ゆえに嫌われたのか。まず臭いである。現在のトマトは品種が改良されて強烈な臭いはなくなってしまったが、昔のトマトは実に臭かったという。嫌われ者になった原因もその臭いにあった。トマト畑のそばはだれもが鼻をつまんで駆け抜けた。トマト畑で働いた日は着ているものを全部脱ぎ、体を洗ってからでないと家へ入れてもらえなかった。それでも売れればみんなの考えも変わってくる。臭いだけでなくそれが売れないとあれば厄介者扱いにされて当然である。もっとも西洋野菜が最初からすべて売れたわけではない。限られた需要しかなかったのだから当たり前である。栽培はしたものの一太郎は売り先に苦労している。最初のうちは採れたての野菜を荷車に積んでただただ売り歩くしかなかった。買ってくれたのはよほどの好事家かハイカラな人だけで、ほとんどの人はタマネギは臭いといい、ハクサイやキャベツは白い葉っぱが気味悪いとにかく嫌われ敬遠された。青果市場や八百屋でも相手にされず、最後はホテルか西洋料理店へ持ち込むしか手がなかった。しかし一太郎の努力はやがて実を結び一軒、二軒と得意先が増えてきた。売値も予想外によかった。当時農家が農産物を売る場合の値段は、米が一石（百五十キロ）四円から五円、麦が一俵（五十キロ）一円七、八十銭、甘藷が反（十アール）当たり十円から十二、三円であった。それに対して西洋野菜は平均して反当たり五、六十円になった。当初嫌われ者だったタマネギやハクサイもその後荷不足になって困ることがしばしばあったというから世の中分からない。そうなると意欲もわいてくる。だがトマトだけはどうしても売れなかった。ホテルや西洋料理店でさえめったに買ってくれなかった。当時は外国人でもトマトは生食せず、主にピューレやケチャップにして使っていたからである。そんなこんなでせっかく苦労して作ったトマトもはじめの一、二年は全部捨てるか畑で腐らせてしまうこともたびたびあったという。

「どうしたものか…」一太郎が思案に余っているときトマトが加工材料になるということを教えてくれる人がいた。愛知県農事試験場の柘植技師であった。一太郎が西洋野菜を手がけて三年目のことであった。

「アメリカではトマトは生でも食べるが加工しても使うようだから、豊作の時など加工を考えてみるのも面白い」という貴重な情報を得た。しかしそれ以上のことはわからない。途方にくれた一太郎は当時名古屋の新柳町（現在の広小路通り）にあった西洋料理店勝利亭の主人平野仲三郎を訪ねた。仲三郎は一太郎が西洋野菜を手がけて以来ずっと一太郎の相談に乗り、売り先まで紹介してくれた大恩人の一人である。そのとき教えられたのがトマトソースであった。しかしそれがどんなものであるのか皆目見当がつかなかった。そこで一太郎はいつも西洋野菜を売りに行く広小路の、当時名古屋における唯一の洋式ホテルであった名古屋ホテルの厨房を訪ね、そこでやっとトマトソースというものを見せてもらい一壜分けてもらうことが出来た。

念願のトマトソースとの対面である。だが加工方法についてはまったくわからない。一太郎は一家総出で「これは味も香りもトマトそのものだから、トマトを裏漉しにかけてドロドロにしたものに違いない」「いや、生のトマトより口当りがいいから裏漉しにして火を入れてあるのだろう」「味つけはしてないようだ」「ナマのトマトを裏漉しにかけるのは大変だから、これはトマトを煮てから砕いて裏漉しにしたのでは…」毎日ああでもないこうでもないと試行錯誤の日々が続いたようである。道具を揃えるのも一苦労であった。最初の道具はトマトを煮る鍋と裏漉しに使う水嚢であった。それから製品を詰める壜も必要だった。鍋は初め鉄製であったがこれは鉄分がトマトの酸に作用して色が悪くなることに気がつきホーローの鍋に変えた。鍋だってわざわざ名古屋へ注文、ましてや壜は名古屋の古物商から仕入れる、そんな時代であった。こうして一太郎は明治三十六年自宅の納屋に製造場を構え家族で生産を始めている。一太郎はそれをトマトソースと呼んだ。これはトマト

最初の工場とトマトの裏漉し作業（明治43年頃）　**早川良雄氏撮影**
（『カゴメ100年史　本編』平成11年刊 口絵Ｐ.10）

を煮つぶして裏漉しにかけただけの文字通りのトマトソースである。正確には今日いうところのトマトピューレである。しかし当時はそれをトマトソースと呼んでおり、これは勝利亭の主人や名古屋ホテルの料理長からそう教わったからである。その頃は欧米でもトマトを原料とする調理用の調味料はトマトソースと呼んでいたという。トマトソースとトマトピューレを区別するようになったのは戦後のことである。

話を戻そう。一太郎が初めて創りあげたトマトソースはビール瓶四ダース入りの箱で五、六箱だった。一太郎はそれを持ってまず勝利亭をたずねた。味を見た勝利亭の主人は太鼓判を押してくれた。同時に改めて二ダースの注文を出してくれた。さらに販売先として食品問屋である梅澤岩吉商店（現在の株式会社梅澤）を紹介してくれた。その結果売り捌くあてのない大半を梅澤商店が引き受けてくれた。こうして一太郎の苦労は報われたのである。しかしトマトケチャップが誕生するのはそれから五年後の四十一年のことである。その間に一太郎はグリーン・ピースの缶詰を製品化している。

売れなかったトマトケチャップ

トマトケチャップも農事試験場の技師の勧めであった。合わせて食品問屋の梅澤商店からも「アメリカではトマトソースよりもよく使われる調味料だそうだから、日本でも伸びるに違いない」と勧められていた。しかし一太郎はトマトソースの苦労を考えるといま一つその気にならなかった。また、トマトケチャップはトマトソースの経験からいつでも造れるという自信があったので、そのうちにつくろうと考えていた。この時期一太郎は同時にウスターソースの研究をも始めている。一太郎がウスターソースの製法を誰に教わったのかは分からない。しかし四十一年になるとケチャップとウスターソースの試作品づくりを始めている。当時ウスターソースは国産品も生まれていたから一太郎は自分もいずれ手がける事を前提に密かに研究し、生産に踏み切るチャンスを見ていたのだろう。そしてついにトマトソースとウスターソースを同時に販売している。

その結果は、四十一年の「売上記入帳」によると同年の総売上高一千七十五円四十七銭九厘のうち、ウスターソースがなんと実に五百九円二十四銭で四七・四パーセントを占めているという。

ところでこのウスターソースだが、これは関西が早く、明治二十七年に三ツ矢ソース本舗の越後屋が「三ツ矢ソース」を発売、二十九年には山城屋が「錨印ソース」（現在のイカリソース）を〝洋醤《ようじょう》〟と名付けて売り出している。三十一年になると野村洋食品製造所が「矢車ソース」を、やがて三十三年になると明治屋が初めて輸入、同じ年に神戸の安井敬七郎が輸入ソースと自家製ソースをブレンドして日の出ソースとして発売、そして三十八年には「ブルドックソース」が発売されている。東京は遅く三十九年にＭＴソースが発売されている。相次いでソースメーカーが誕生したということはソースの需要が確実に伸びていたことを示している。ところがケチャップはなぜか大きな壁に阻まれていた。

しかし、トマトソースだって決して順調な船出ではなかった。不況その他の影響で大量の在庫を抱えた時期もあり、大正三年にはトマトソースの製造を休止している。だが一方で大正五年の東洋トマトソースに続いて札幌の戸部佶（後の日本食品製造㈾）が製造を開始、トマトソースは大正六年には日本物産博覧会で名誉賞金牌を、七年には日本勧業博覧会で名誉大賞を、また八年には、戦捷記念特産品共進会で名誉大賞金牌を受賞するなど活発な動きを見せている。そこへ突然トマトソースの救世主が現れたのである。「ハムライス」ブームである。

巷の洋食屋のメニューにハムライスが登場するのである。スプーン一つで西洋のご飯が食べられる…これがたちまち人気メニューになった。

突然のハムライスブーム

大正十三年、つまり関東大震災の翌年三月、交通の要として賑わっていた神田須田町に一軒の簡易洋食屋が開店した。須田町食堂といった。「ウマイ・ヤスイ・ハヤイ」をモットーに、当時庶民にとっては高嶺の花だった洋食が、どこよりも安く、三銭、五銭、八銭均一で食べられた。開店から半年で支店第一号が出来るという繁昌振りだった。社史（『聚楽50年のあゆみ』昭和四十九年十二月）に当時のメニューが記録されている。コロッケ三銭、カレービーフ、ハヤシビーフ、ヤサイサラダ五銭、カレーライス、牛ライス、カツレツ、合ノ子皿、イカフライ八銭、ハヤシライス、ビフカツ、カニヤサイ、ビフスカロップ十銭、メンチボール、ハムエッグス、ハンバーグステッキ十三銭、チキンライス、オムレツ、ハムライス、ハムサラダ、ビーフテキ十五銭…当時のメニューと値段である。いよいよ赤いご飯の登場である。それにしても赤いご飯のなんと高かったこと…。そう、実は当時ハムもトマトソースも高かったのである。しかし世の中面白いもので、その高いハムとトマトソースを使って大胆にも西洋式ご飯を考えたコックがいた。それが須田町食堂のコックであったかどうかはわからない。しかし管見によればハムライスとチキンライスの記録としてはこの須田町食堂のメニューが一番古い。勝手な

須田町食堂　柳島営業所（市電柳島終点）
（『聚楽50年のあゆみ』昭和49年刊　P.49）

想像をお許し願えれば、ハムライスは、原価も高かったハムや鶏の裁ち落としを無駄なく使い切ろうという料理人の知恵から生まれたアイディア料理だったのではないだろうか。というのは、かつて名コックとして鳴らしたキャッスル（東京千代田区内幸町）の料理長荒田勇作さんと、築地田村の創業者であり料理人であった田村平治さんに聞いた「料理人というものは夜の料理に使って残った材料を翌日の昼にいかに活かして使い切るか、これがきちんと出来て初めて一人前の料理人といわれたものです。料理人はいかに頭を使うかですよ」この話を思い出したからである。ということはハムライスも充分その要素を秘めた逸品料理であること明白である。それが須田町食堂のコックであったという保証はない。しかしハムライスが街場の洋食屋のコックのアイディアから生まれ、街場の洋食屋に広まったことは充分考えられる。そしてやがてそれにあやかろうと生まれたのが「ハムライスの素」であった。そしてその姉妹品として登場したのが「チキンライスの素」であった。

鎌倉生まれの国産ハム

話はあちこちに飛ぶがここでちょっと日本のハム事情について記しておきたい。

明治時代、超ロングベストセラーになった料理小説に『増補註釈食道楽』（全四巻　明治三十六－三十七年）という本がある。この本は当時花嫁道具の必需品ともいわれた実用書であり、著者は報知新聞の編集総務だったこともある村井弦斎である。弦斎は当時のハム事

『増補註釈　食道楽』春の巻　明治36年刊　表紙カバー

情について同書「春の巻」で、

東京辺では［豚の上等の生肉が、］極く上等で二十二三銭位だらう、腿の肉はズツと廉い、買ひ場所によると十銭以下だ、其腿がハムになると和製で一斤三十銭から三十五銭さ亜米利加ハムは一斤五十銭位だが仏蘭製の上等ハムになると一斤一円二十銭する

と語っている。ハムは高かったのである。

ハムは明治五年に長崎で片岡伊右衛門なる人が外国人からその製法を学んだのが日本におけるハム製造の始まり、いや、神奈川県の戸塚の在鎌倉郡の川上に住むウイリアム・カーチスが自家製造を始めたのが最初という説もある。またこのカーチスについても、イギリス人コックだった、いや鉄道技師だった、カーチスはイギリス人ではなくフランス人だなどこれまた諸説入り乱れていた。昭和五十七年、私は「小説新潮」に「にっぽん洋食物語」の連載を始めたが、その頃カーチスのことを調べていた。そんなときたまたまカーチスの義理のお孫さんに当たる辻孝子さんから連絡をいただいた思い出がある。

辻さんのお話によれば、日本のハム史はそのカーチスによって始まるのである。カーチスはイギリス人で、明治天皇が即位するに当たって西洋式礼法を教え、またそのときに使う馬車を造るため来日している。いわゆるお雇い外国人の一人であった。その後明治五年に開通した新橋、横浜間の日本初の鉄道敷設にも関与したという。カーチスは鎌倉郡戸塚に住み、明治十年、戸塚のはずれにあった立場《たてば》茶屋（街道筋の茶店）で働く日本人女性の加藤かねと結婚し、ホテルを経営している。カーチスのホテルは西洋式の大変立派な建物で、そこを通る百姓たちは土下座して行き来したと伝えられている。カーチスはハムの製造

も手がけた。そのハムは土地にちなんで鎌倉ハムと名付けられた。カーチスは豚一頭を十円で買いハムの試作をしたところ、外国人の間で評判となりあっという間に百五十ドルの利益を手にしたという。このときの一ドルは一円だったというから、十円の元手で百五十円儲かったわけである。「カーチスがハムで大儲けした!」というニュースはたちまち近郊まで広がった。「そんなに儲かるものなら是非ともあやかりたい」誰だってそう思う。そこで「ハムで一儲けしよう」…胸に一物の連中はなんとかハムの製法を知ろうと、ある者はカーチスの車夫になりすまし、ある者はホテルの使用人としてもぐりこみ、ある者はハム工場の下働きを志願するなど、なんとかハムの製法を知ろうと知恵を絞っている。そんなある日、明治十七年八月のこと、この日は大雨だったが関東地方を襲った地震で火事が起こり、カーチスのハム工場はたちまち火の海に包まれてしまった。日頃なんとか製法を盗み出そうと狙っていた面々は消防を装って入り込みハム製法の持ち出しに成功したという。辻さんは「鎌倉ハムの製法は大雨の日に起こった火事の時、日本人に盗まれた」と話している。思い通り産業スパイに成功した彼らにもう怖いものはない。大胆にもハム工場を造り、その挙句堂々と「鎌倉ハム」と命名している。しかし当時ハムはまだ日本人には評判はよくなかったらしい。

明治三十九年二月十日発行の「風俗画報」に「東海日々新聞に據る」として「東海道の各駅名物」と題した春廼屋すみれの記事がある。それによると「大船　サンドイツチは、鎌倉ハムの名産を利用し、製造販売せり、味ひ塩辛く洋食通の口に適せず。」とある。このハムがカーチスのハムだったのか、スパイグループによるハムだったかは分からない。しかしいずれにしても明治の日本人にとって塩蔵品のハムはなじみが薄く馴れない塩辛さであり決して美味しいものではなかったのだろう。

それはさておき、その後産業スパイグループとカーチスの間でどういう話し合いがありどう決着がついたのか詳細は不明である。しかし円満解決をしたのだろう。辻さんによると戦前まで鎌倉ハムの工場内にカーチスの胸像が建てられていたという。

ハムはこうした草創期を経て大正六年には海軍の兵食として採用されるまでに伸びている。そして大正八年、東京の上野で開催された第一回畜産工芸博覧会に出品されたのがきっかけになって、徐々にではあるが広く知られるようになる。加えて大正十年になると鎌倉ハムが冷蔵庫を設置して、それまで冬季に限定されていたハムの製造を、年間を通して行っている。そうなったらなにがなんでも売らなくてはならない。折しもカナダからバーンズ社が進出してきて日本にハム工場を造っている。ライバルの台頭である。ハムの未来はやっと明るい方向に向かいつつあった。といっても当時のことである。国内消費量が急に伸びるというわけのものではない。勢い限られた市場でしのぎを削ることになる。そうなったらあとは家庭にどう浸透させるかである。そこで生まれたのがハムライスの素であった。

「ハムライスの素」登場、その仕掛け人は？

「ハムライスの素」、これは材料一式を缶詰にしたもので、あとはご飯と鍋さえあれば、家庭で簡単に西洋ご飯の「ハムライス」が出来るというものであった。発売元は鎌倉ハムである。大正末から昭和にかけて「主婦之友」はじめ婦人雑誌に積極的に広告を出している。

「ハムライスの素」…まことに分かりやすく説得力のある命名である。

ハムライスの素　商品ラベル　（『鎌倉ハム富岡商会100年の歩み』平成12年刊 口絵）

「ハム、トマトソース、玉葱、ピース、味の素など適当に調合してありますから御飯に混ぜて煎りつけて頂くとすぐに美味しいハムライスが出来ます。お買上げは最寄の食料品店へ　製造元相州大船合資会社鎌倉ハム富岡商会」。

広告のなかで「適当に調合してありますから…」というのも大胆でおもしろい。おそらくこの方が親しまれると判断したのだろう。「ハムライスの素」がヒットしたことは間違いない。続けて姉妹品と銘打って「チキンライスの素」が販売されている。

おそらくここ「相州・大船鎌倉ハム富岡商会」にも一人の知恵者がいた。わが社のハムを使って洋食屋で人気のハムライスとチキンライスを家庭の食卓に普及させることは出来ないだろうか…その結果考え付いたのが材料一式を缶詰にすることであった。きっと売れるに違いない。

鎌倉ハムの思惑は当たってこれはヒット商品となった。その証拠に「わが社も是非あやかりたい！」という後続部隊が現れている。まず明治屋である。明治屋がハムライスの素とその姉妹品としてチキンライスの素を製造販売したのは昭和二年のことである。明治屋は明治時代から発行している自社のピーアール誌「嗜好」（昭和三年二月）に新た

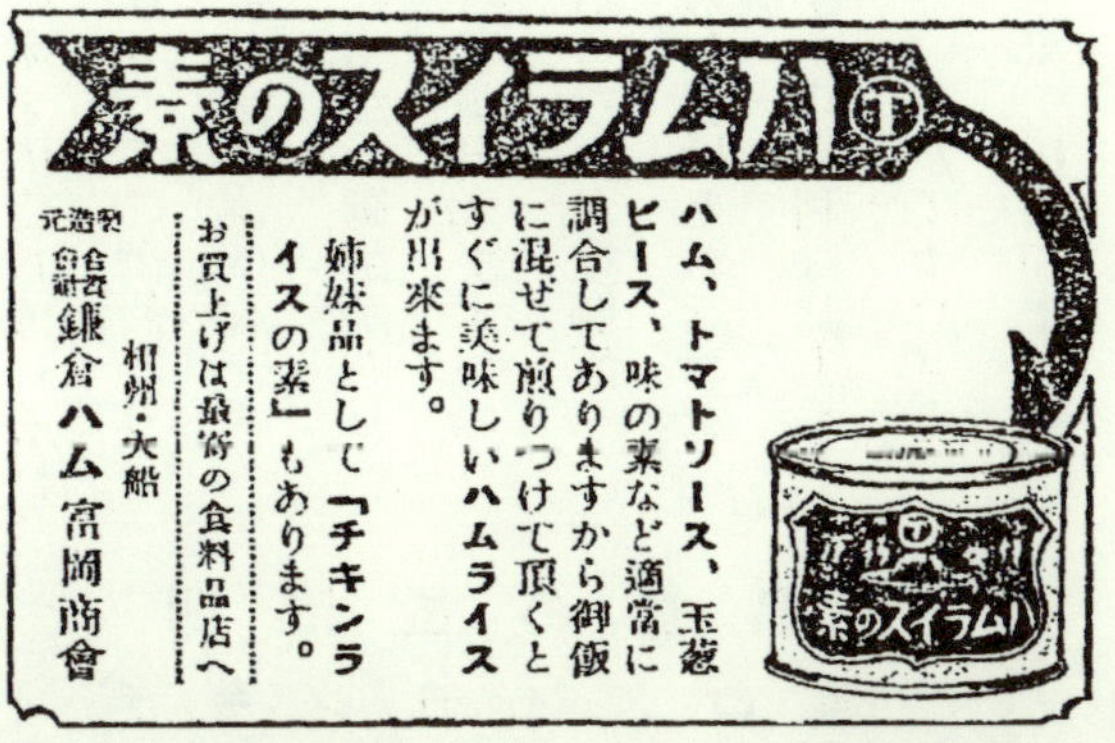

「主婦之友」昭和４年12月号（P.323）に掲載された広告

チキンライスの素　商品ラベル　（『鎌倉ハム富岡商会100年の歩み』平成12年刊 口絵）

に現れた明治屋の食品としてハムライスの素とチキンライスの素を広告している。「此二品は何れも能い味加減がしてありますから、開缶して炊きたての御飯なり又は冷飯なりへ混じ浅鍋の中で御飯と共に暖めて下されば即座に旨味《おいし》いハムライスなり、チキンライスなりが出来るのであります。此寒い時に冷たい御飯がありましたら前記の如くして暖めて召上れば炊き立て同様に召上る事が出来ますから少しも冷飯が苦になりません。夫《それ》のみならず御来客に御酒をもてなした後御飯をといふ場合此のチキンライスやハムライスの素がありましたらお客様とお話しをしながら焜炉小鍋で美味しい御飯を製《つく》つて差上る事が出来ますから便利は此上もございません」といかに便利であるかを大ピーアールしている。やがてカゴメもまた「チキンライスの素」を発売している。『カゴメ一〇〇年史』に昭和十七年当時のラベルが紹介されている。ハムライスとチキンライスは缶詰の便利さと手軽さが受けてロング商品として家庭に広く浸透して行った様子がうかがえる。人気が出ればマスコミが放っておくはずがない。これはいつの時代でも同じである。婦人雑誌や料理本は競ってハムライスとチキンライスの作り方を載せている。

チキンライスも仲間に

チキンライスの素・ハムライスの素　広告
「嗜好」昭和３年２月　P.６

チキンライスの素　商品ラベル　昭和17年頃
(『カゴメ100年史　本編』平成11年刊　P.146)

『主婦之友 花嫁講座 第一巻』（昭和十五年六月）にも、ハムライスとチキンライスの調理法が併記されているが、そのうちハムライスを見てみよう。

材料＝ハムの薄切、松茸（または椎茸）、青豆、塩、胡椒、トマト汁、バタかラード。

フライ鍋にバタを熔し、よく水気をきつた米を入れ、黄色く光沢が出るくらゐまで炒めて深鍋に移し、米の量の二倍の熱湯かスープを加へ、塩をぱらっと振り入れて弱火で炊きます。

蒸す間に、松茸を薄くせん切にして炒め、軽く塩、胡椒して、御飯を移すとき青豆と一緒に混ぜ込み、型で抜き出した上からハムのみぢん切を散します。

残り御飯を利用して手軽になさるには、フライ鍋にバタかラードを熱した中に御飯を入れて、よく炒め、みぢん切のハムと青豆など有合せの野菜を散し、トマトケチャップでうつすり色をつけるだけでもよく、これなら、時ならぬ時間にお腹を空かしてお帰りの旦那様に、五分ぐらゐで御飯が差上げられませう。心得ておくとお菜いらずで便利です。中に入れるものは、肉でも魚でも、また野菜、玉子など、その場にあるもので結構です。（三一八頁）

作り方を見るともう缶詰の時代は終わり、すでに手軽なご飯料理として家庭に取り込まれていることがわかる。こうしてハムライスからスタートしたご飯料理は次第にチキンライスへと広がって行く。昭和初期からは婦人雑誌や料理本は積極的にチキンライスを取り上げ始める。ハムライスとチキンライスの世代交代である。以下は『手軽で美味い家庭料理千種』（昭和六年九月）のチキンライス。

「手軽なチキン・ライス」御飯をバタであっさりいためます。別に、細く切つた鶏肉と、玉葱のみぢん切をバタでいため、グリーン・ピースもあつたら少々入れ、いためた御飯を加へて、よく混ぜ合せ、塩胡椒で味をつけ、トマト・ケチャップを色のつくゝらゐ加へて、よく混ぜ合せます。

これは、お冷御飯の残つたときなど、簡単に温めて食べるによろしうございます。御飯を盛りつけて、上に玉子の落し焼を半熟にして載せると、いかにも美味しさうです。

もう完全に日本人のチキンライスになっている。

同じ昭和六年二月の「主婦之友」には「これは一寸風変りの…チキン・ライス」として和洋折衷のチキンライスが木築亀蔵(味の店ニューパレス主人)の署名記事で登場する。

鶏肉は細《こまか》に切り、玉葱はみぢんに、松茸或は椎茸(水にもどして)は、五分くらゐの長さに切つておきます。フライ鍋《パン》にバタを煮溶し、やゝ強火で、玉葱と鶏肉を一緒にいためます。次に松茸(または椎茸)を入れ、御飯を入れていため、味醂と醤油と味の素でお味を調へ、ぱらりと炒り上げます。

青豆《あをまめ》を色彩《いろどり》に入れて、形よくお皿に盛ります。

チキンライスはラジオ料理でも紹介されている。日本でラジオ放送が始まったのは大正十四年三月のことであった。翌年からは毎朝料理番組が放送されている。いわばテレビの「きょうの料理」のラジオ版である。同時に毎日の新聞にも「けさ放送のお献立」として紹介されている。毎日ということは年間三百種余りの料理が放送された勘定になる。こうして放送された料理は『ラヂオ放送　四季の料理』として単行本化された。チキンライスは昭和二年の刊本に取り上げられている。

材料は五人分で、鶏の笹身五十匁、玉子二個、御飯五合、パセリ少々、バター大匙三杯、トマトケチャップ少々、牛乳五勺、福神漬或は赤生姜少々。鶏の笹身には塩胡椒しておき、御飯は少し強目《こわめ》に炊く。バター大匙一杯を煮溶かし、鶏肉を炒め、身だけを他の器に取り出し、後の汁の中に更に、バター大匙二杯を煮溶かし、御飯を入れてよくかき混ぜながら炒める。次にトマトケチャップ少々を牛乳五勺で徐々に溶かしたのを御飯の中に入れ、更によくかき混ぜる。熱湯をかけた、缶詰の青豌豆を御飯の中に混ぜ、水で濡らした茶碗に一人分ずつ入れ、西洋皿の上にあける。まるく盛り、高くなった上に炒めた笹身を小さくちぎって載せ、綺麗に並べ、刻みパセリを散らす。固ゆで玉子を輪切りにして飾り、紅生姜か福神漬少々を片隅につけて出来上がり、である。説明はまことに丁寧である。そして紅生姜と福神漬はカレーライスに添え、すでに親しまれていたものである。しかしこうした時代になっても正直トマトケチャップだけは伸び悩んでいた。

苦労したトマトケチャップ

昭和五年の春、カゴメは地元名古屋の女学校の新卒業生に、トマトケチャップとカゴメソースの見本用豆壜を一本ずつと、ケチャップやソースを使った家庭向き「料理の栞」を卒業祝いとしてプレゼントした。女学校を出て間もなく花嫁となり家庭の主婦となる娘さんたちに、これからの家庭の食卓に不可欠な洋風調味料と、その使い方を知ってもらおうという狙いであった。明日の市場の開拓、未来の消費者に直接呼びかけるという新しい作戦でもあった。この卒業生へのプレゼント作戦は毎年範囲を広げながら昭和十三年まで続けられたという。つまり戦争の時代に入って原材料に余裕がなくなるまで、毎年配布の範囲を広げながら続けたのである。新婚家庭の食卓にどんな洋風料理が並んだのだろうか。

「料理の栞」が『カゴメ一〇〇年史』（一三六頁）に小さく写真で紹介されている。

口絵の料理　五人前

魚のケチヤツプ焼き、五目うま煮、鮎の吉野あげ、牛肉のソース煎り、チキンライス

日本料理（略）

新和料理　五人前

筍と青豆の三色煮、椎茸のバタ焼、牛肉の黄金揚げ、肉団子のケチヤツプかけ、ケチヤツプ焼ソーセージ、鮹の玉子ソー

料理の栞　表紙　昭和5年

（『カゴメ100年史　本編』平成11年刊　P.136）

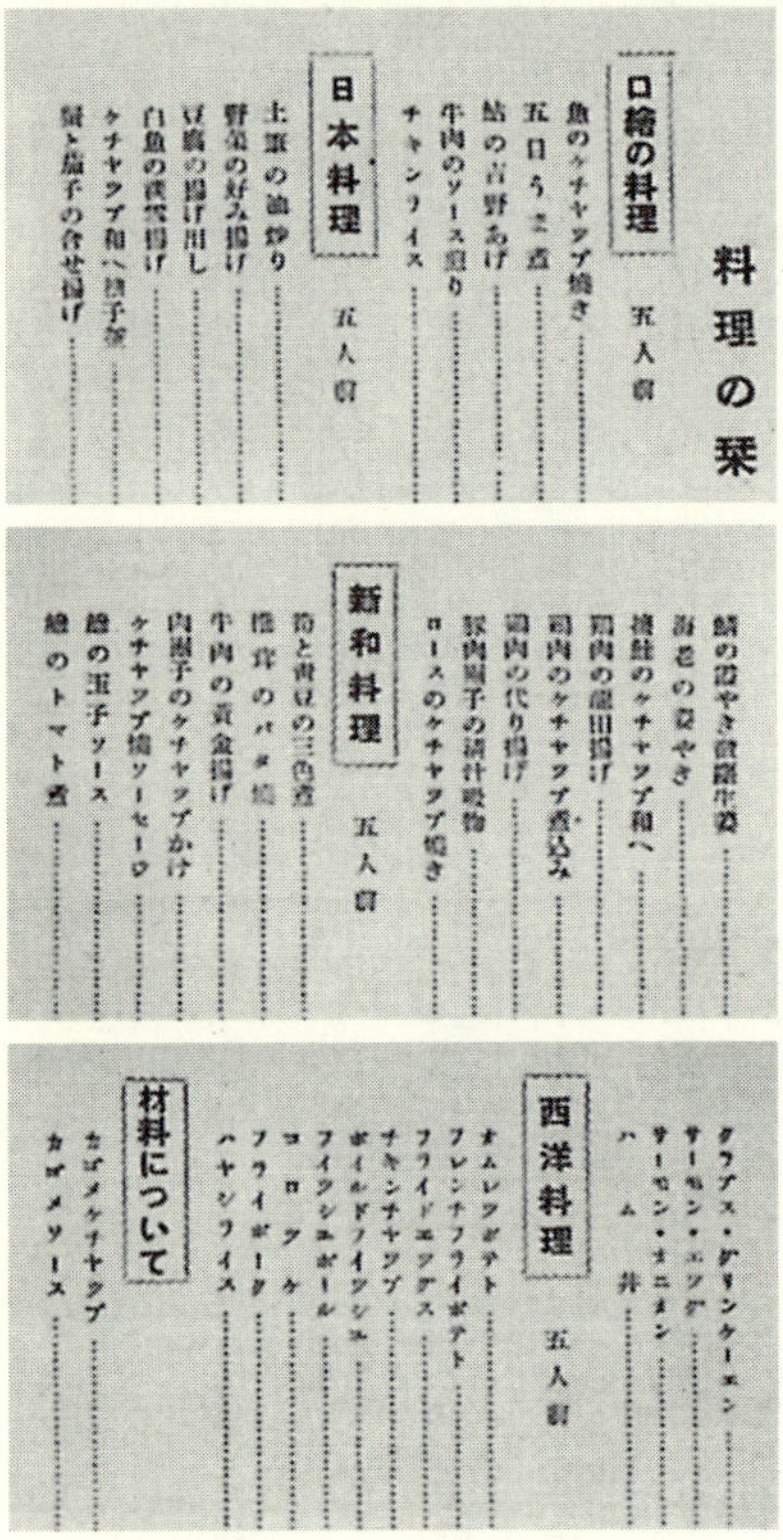

料理の栞

口絵の料理　五人前

魚のケチヤツプ焼き
五目うま煮
鮎の吉野あげ
牛肉のソース煎り
チキンライス

日本料理　五人前

土筆の油炒り
野菜の好み揚げ
豆腐の揚げ出し
ケチヤツプ和へ

新和料理　五人前

塩鮭のケチヤツプ和へ
鶏肉の龍田揚げ
鶏肉のケチヤツプ煮込み
鶏肉の代り揚げ
豚肉團子の清汁吸物
ロースのケチヤツプ焼き
筍と青豆の三色煮
椎茸のバタ焼
牛肉の黄金揚げ
肉團子のケチヤツプかけ
ケチヤツプ燒ソーセージ
鮹の玉子ソース
鯰のトマト煮

西洋料理　五人前

サーモン・エツグ
サーモン・オニオン
オムレツポテト
フレンチフライポテト
フライドエツグス
チキンチヤツプ
ボイルドフイツシユ
フイツシユボール
コ ロ ツ ケ
フライポーク
ハヤシライス

材料について

カゴメケチヤツプ
カゴメソース

料理の栞　メニュー目次

（『カゴメ100年史　本編』平成11年刊　P.136）

ス、鮹のトマト煮、クラブス・グリンケーエン、サーモン・エッグ、サーモン・オニオン、ハム丼、

西洋料理　五人前

オムレツポテト、フレンチフライポテト、フライドエッグス、チキンチヤップ、ボイルドフイッシユ、フイッシユボール、コロッケ、フライポーク、ハヤシライス、

材料について

カゴメケチヤップ、カゴメソース

とある。

ハムライスは姿を消しチキンライスの時代に移っている。珍しい料理がいろいろ並んでいるし、活字が判読しづらい部分もある。いったいどんな料理なのか、具体的に知りたいと思い、カゴメの広報部に問い合わせたところ、資料は『カゴメ一〇〇年史』の出版が終わった段階で名古屋のカゴメ本社の倉庫の奥深くに整理されてしまったので残念ながらこれ以上のことは解らないという。まことに残念である。それはさておきケチャップが脚光を浴びるのはやっと昭和になってからのことなのである。なにしろカゴメの資料には、ウスターソースは発売したその年にトマトソースの四倍以上の売り上げがあったのに対して、ケチャップは大正の初め頃まで売り上げの記録がない、ということは、ケチャップは不遇な時代が続いた、どの程度売れたのか全く売れなかったのか、あるいは売れてもごく僅かだったのでソース類と一括して記録していたとも考えられる。

花開いたケチャップの時代は昭和一ケタ

「洋風炒飯の美味しい作り方・チキンライス」●材料と下拵へ　一人前として鶏肉十匁、玉葱大匙一杯、バタ大匙半杯、トマトケチヤツプ大匙一杯、青豆《グリーンピース》十粒、塩、胡椒。鶏肉、玉葱は小さく切つておきます。

●上手な拵へ方　鍋にバタを煮溶かして玉葱を入れ、少し黄ばむ位炒めます。そこへ鶏肉を入れて、鶏肉に火が通つたらば御飯を入れ、少し火力を弱めてよく御飯の温まるまで気永に炒めます。御飯が温まつてパラ〳〵するやうになつた時に、トマトケチヤツプを入れてよく混ぜ、塩と胡椒、味の素で味をつけ、よく味の加減を見てから火を止めます。次に飯の抜型があれば、その型に青豆を少し入れ、今の御飯を型に詰めて、洋皿の中に抜き出します。型のない場合は、御飯をそのまゝ皿に盛つて、上から青豆を振りかけておけばよろしうございます。〔注意〕御飯を炒める時に、火力が強いと焦げます。御飯をあまりかき混ぜると粘りが出ますから、杓子数をなるべく少くします。ハムライスも同様にして作ります。

これは昭和七年の「婦人倶楽部」十二月号の付録の「すぐ役立つ日常家庭料理講習」である。ハムライスとチキンライスの立場が逆転したことが分かる。もう一冊、昭和十一年出版の『お料理規範』を見てみよう。

昭和10年頃の新聞広告
（『カゴメ八十年史』昭和53年刊 P.516）

「チキンライス」　鶏肉を入れたトマト飯で、簡単に出来ておいしいものであります。

●材料及び分量（五人前）鶏肉、五十匁（二〇〇瓦）。玉葱、中一個。グリーン・ピース、小、半缶。トマト・ケチヤツプ、一合位。バタ、塩、胡椒、味の素、各少々。

●方法　米は洗ひ、普通より少し硬めに炊き上げておきます。（冷御飯でも結構です。）鶏肉は二、三分（一糎）角に薄く切り、玉葱は外皮を取去り、よく洗つて縦六つ位になし、小口から、薄く刻みます。グリーン・ピースは缶より出し、洗つて笊にあけ、水気を切つておきます。以上の準備が出来たら、フライパンにバタを中匙一杯も入れて火にかけ、バタが煮溶けた時、鶏肉を入れてざつといためます。次にその中に玉葱を加へて玉葱が軟かになるまでいため、塩、胡椒、味の素を加へて調味し、次にトマト・ケチヤツプを加へてよくまぜ合はせ、炊いた御飯を入れて軽くまぜ合はせます。御飯の赤味が足らない時はケチヤツプを適当な色あいになるまで加へ、再び塩、胡椒を加へて御飯に味をつけて火より下します。次に、ライス型を水で濡らし、グリーン・ピースを型の底に適宜に散らし、その中に御飯を入れて上から軽く抑へて西洋皿にぬき出し、パセリ一葉あしらつて進めます。尚、鶏肉の代りにハムを用ひますればハム・ライスとなります。

例をあげれば際限がないが、昭和の初めになってチキンライスとハムライスの立場は完全に逆転、そしてハムライスはいつの間にか姿を消してしまったのである。付け加えればいまも不動のチキンライスにグリーン・ピースというこの名コンビを考えたのは、ハムライスとチキンライスの素の発売元である鎌倉ハムの知恵、アイディアだったようである。

とまれ、当時の婦人雑誌の資料は豊富で興味は尽きない。この頃になると、トマトケチャップを家庭でつくろうという人のためのレセピもある。以下は「主婦之友」昭和六年九月号、斎藤つたの（基督教青年会総主事　斎藤惣一氏夫人）の署名記事である。

果物ではありませんが、時期のものですからトマト・ケチャップの作り方を一つ申上げませう。出盛りの、食べきれないときに作つておきますと、後で随分重宝します。

材料は、トマトを大六箇、玉葱を大半箇、青蕃椒《たうがらし》を大半箇、セロリー（根の食べられないところでよろしい。入れなくてもよろしい。）四本、砂糖大匙三杯、塩大匙四分の三杯、肉桂粉茶匙半杯、これだけの材料を調へましたら、トマトの皮をむき、四つ五つに切つて、瀬戸引鍋（二重鍋なら上等）に入れ、玉葱と青蕃椒をみぢんに切つて、一緒に入れ、約二十分　軟かくなるまで煮ます。漉して皮や種を除り、冷して、どろりとしたケチャップを作ります。

買つたケチャップとは、ちよつと味が違ひますが、料理に使つてもいゝし、パンにつけて頂いてもよく、パンにつけるときに、少し甘味をつけた方がよろしいです。これもジャムのやうに、密閉してさへおけば、いつまでゞも保ちます。

（四九四頁）

「買つたケチャップ」の味の普及がみてとれよう。蟹江一太郎がケチャップの試作品作りを始めてから二十三年が経過している。

「公爵さまのオムライス」

チキンライスの親戚にオムライスがある。

日本生まれの洋式ライスを西洋伝来のオムレツで包む…名付けて「オムライス」。このオムライスは、コミック作家市川ジュンさん描くところの「公爵さまのオムライス」（『新編　懐古的洋食事情　2』集英社　平成十二年五月　所収）にも登場した人気メニューである。「YOU—ALL」に連載された「懐古的洋食事情」シリーズはレディスコミックの世界（集英社）にレトロブームを巻き起こした。料理長の作る上品なオムレツよりも、明るいお手伝いさんが作るオムライスが大好きという公爵のさわやかな恋物語だ。

公爵さまじゃなくったって、美味しいオムライスは巷でたくさん味わえる。ホテルの料理長が作るオムライスより、街の洋食屋のコックの作るオムライスの方が数段美味しい。それにしても「オムライス」の発明もまたすごい！の一言に尽きる。大阪にはオムライスの専門店もある。

この「オムライス」が料理書に登場するのはおそらく昭和三年に出版された『家庭料理法大全』が最初ではないかと思われる。「牛肉のオムライス」として紹介されている。

●材料　牛肉七十匁位、玉葱一個、トマトソース、鶏卵五個、塩と胡椒、油を備へます。

●拵へ方　先ず牛肉は細かく切り、玉葱はミジン切として、フライ鍋にヘット極少量を煮立てた中で油炒りと致します。

塩と胡椒で適度の味をつけ、そこへ御飯を入れて、手早く混ぜながら、炒りつけ、トマトソースを入れて、薄く色づけ致します。此の炒りめしは別に取り置き、次に鶏卵は片口の中に全部割り込み、塩胡椒をして、攪き廻して置きます。フライパンをよく拭つて、ヘツトを一面に敷き、強火にかけて、そこへ攪き混ぜた卵を入れ、薄くフライパン一面に焼きます、一寸火から外して、炒り飯を丁度包める丈け卵の上に載せ、四方から卵を攪き寄せるやうに致しまして、(此場合決して、飯を包み切らなくともよろしい、只卵はほんの周囲の格好を作る為に攪き寄せるのですから)再び火にかけて一寸焼き、皿をフライパンに被せて、反対にフライパンを起しますと、すつかり卵で包まつた御飯が上手く皿に受かります。其まゝスプーンを添へて食膳に供します。

振り返ってみると、わが日本のご飯料理はライスカレーに始まってハヤシライス、ハムライス、チキンライス、オムライスとまことに賑やかである。しかもそのいずれも日本の料理人が考えた和洋折衷料理であるところがなんともたのしい。取材旅行で見知らぬ駅に降り立ち、まずは腹ごしらえをと駅前の食堂に入ったとき、チキンライスがあると嬉しくなって迷わず「チキンライス下さい!」と叫ぶのは私だけだろうか。とにもかくにもチキンライス大好き人間なのである。チキンライスの日本史はこの辺で幕を閉じたい。

参考文献（五十音順）

『お料理規範』土井わか著　土井料理研究所　昭和十一年

『海軍五等主厨厨業教科書』帝国海軍社出版局　大正七年四月三十日
『カゴメ八十年史』カゴメ八十年史編纂委員会編　カゴメ株式会社　昭和五十三年十一月十一日
『カゴメ一〇〇年史　資料編』社会対応室　一〇〇周年企画グループ編　カゴメ株式会社　平成十一年十月
『カゴメ一〇〇年史　本編』社会対応室　一〇〇周年企画グループ編　カゴメ株式会社　平成十一年十月
『鎌倉ハム富岡商会一〇〇年の歩み』「鎌倉ハム富岡商会一〇〇年の歩み」編集委員会編　㈱鎌倉ハム富岡商会　平成十二年十一月三十日
『家庭実用西洋料理法』赤堀峯吉著　大倉書店　大正八年五月十五日
「家庭之友」明治三十六年十月号
『家庭料理講義録』東京割烹講習会編　大正三年
『家庭料理法大全』小林定実著　日比書院　昭和三年
『近代日本食物史』昭和女子大学食物学研究室編　昭和女子大学近代文化研究所　昭和四十六年六月二十日
『クララの明治日記』上・下　クララ・ホイットニー著　一又民子他訳　講談社　昭和五十一年五月二十日
『四季毎日　三食料理法　冬の部』安西古満子著　博文館　明治四十二年七月三十日
「嗜好」明治屋　昭和三年二月
「主婦之友」昭和四年十二月号　昭和六年二月号　昭和六年九月号
『主婦之友　花嫁講座　第一巻』石川武美編　主婦之友社　昭和十五年六月一日
『聚楽50年のあゆみ』株式会社聚楽社史編集委員会編　株式会社聚楽　昭和四十九年十二月十日
『新編　懐古的洋食事情　2』市川ジュン著　集英社　平成十二年五月二十三日
「すぐ役立つ日常家庭料理講習」「婦人倶楽部」昭和七年十二月号付録

『増補註釈　食道楽　春の巻』村井寛（弦斎）著　報知社出版部　明治三十六年八月十六日（十一版）
『手軽西洋料理』クララホキトニー著　皿城キン訳　江藤書店　明治十八年十二月二十六日
『手軽で美味い家庭料理千種』主婦之友社　昭和六年九月三十日
「風俗画報」明治三十九年二月十日
『ブルドックソース55年史』ブルドックソース株式会社社史編集委員会編　ブルドックソース株式会社　昭和五十六年十二月
『ラヂオ放送　四季の料理』日本放送協会関東支部編　東京榎本書房　昭和二年五月二十五日

協力　カゴメ株式会社　株式会社鎌倉ハム富岡商会　財団法人石川文化事業財団お茶の水図書館　主婦の友社　日本ＹＭＣＡ同盟

引用に際し、旧字体の漢字は概ね通行の字体に改め、ルビ・傍点等は適宜省略した。

（近代文化研究所客員研究員）